Made in the USA
Middletown, DE
22 April 2020

90303318R00068